Von der Pinnau bis zur Alster

Kinder entdecken Henstedt-Ulzburg

„Jeder in Hamburg Geborene müsste verpflichtet sein, wenigstens einmal in seinem Leben hinzugehen, um dort seine tiefe Verbeugung zu machen vor der heiligen Quelle, der die Republik ihren schönsten Schmuck zu danken hat."

(Zum Titelbild, verfasst von Detlev von Liliencron 1908 aus: Leben und Lüge)

Danksagung

An der Entstehung dieses Buches waren viele Menschen beteiligt. Diesen möchten wir an dieser Stelle ein großes „Dankeschön" aussprechen.

Zuerst allen Teilnehmern von „Henstedt-Ulzburg digital für Kinder":

Mads, Maximilian, Susanna, Lena, Finn, Jonas, Sarina, Timo, Victoria, Jannes, Neele, Ben Oliver, Jannek, Fynn, Krischan, Linus, Jannik, Samira, Kimia, Emma, Henri und Jannis

Das Projekt mit euch war wunderbar und es hat sehr viel Spaß gemacht.

Den Erwachsenen, die das Projekt unterstützt haben:
Heribert Werner, Olivia Förster, Heike Bleckmann

Weiteren Beteiligten:
Johann Ahrens, Johann Schümann, Volkmar Zelck

Und ein besonderer Dank geht an unseren Schriftsteller **Vincent Voss.**

Die finanziellen Mittel zur Durchführung des Projekts wurden gegeben durch den Deutschen Bibliotheksverband im Rahmen des BMBF-Programms „Kultur macht stark".

Birgit Raguse

Ulrike Riemenschneider

Von der Pinnau bis zur Alster

Kinder entdecken Henstedt-Ulzburg

Henstedt-Ulzburg, 2019

Herstellung und Verlag:

BoD – Books on Demand, Norderstedt 2019

ISBN: 9783749468720

Inhaltsverzeichnis

Kapitel 1: Der neue Junge

„Hey, wer ist das denn?" fragt Ulli seine Eltern, als er aus dem Fenster sieht. Im Garten nebenan steht ein fremder Junge, der neugierig in die Sandkiste späht.

Ullis Mutter stellt sich zu ihm und schaut hinaus. „Es sieht so aus, als wenn das Haus von Schulzes wieder bewohnt ist. Guck mal, vor der Garage steht auch ein Umzugswagen. Was meinst du, sollen wir sie einfach mal fragen?"

Ulli will erst den Kopf schütteln, doch seine Neugierde siegt. Er läuft schnell seiner Mutter hinterher, die zügig auf die Frau zugeht, die neben dem Umzugswagen steht. Doch bevor er dort ankommt, sieht er den Jungen auf sich zukommen.

„Hallo, ich bin Jannis. Ich bin neu hier. Wir sind gerade aus Bremen gekommen. Drinnen ist meine Schwester, hast du auch eine Schwester? Was machst du so? Kann man hier schwimmen gehen?"

Ulli will antworten, doch Jannis redet einfach weiter. Wie viele Fragen der hat, denkt Ulli, doch dann bemerkt er seine Mutter neben sich, die ihn zu sich zieht und zu der fremden Frau sagt: „Das ist mein Sohn Ulli. Er ist zehn Jahre alt und geht auf die Olzeborchschule. Ulli, das ist Frau Dirksen. Sie sind gerade hierhergezogen. Und stell dir vor, ihr Sohn Jannis ist auch zehn Jahre alt. Er wird ab morgen auch in deine Schule gehen."

Na, da bin ich aber gespannt, denkt Ulli, wenn der da auch so viel redet.

„Ulli, kannst du Jannis und seiner Schwester morgen früh den Weg zur Schule zeigen? Der ist ja nicht so weit, und die beiden kennen hier dann schon jemanden".

„Hm, öh, ja, na gut", sagt Ulli, „dann geht es um viertel nach sieben hier los." Jannis nickt: „Ey, cool. Dann bis morgen".

Kapitel 2: Der erste Schultag

Am nächsten Morgen wartet Ulli pünktlich vor dem Gartentor. Und schon ein paar Sekunden später öffnet sich die Haustür des Nachbarhauses. Jannis und ein Mädchen stürmen heraus. „Hallo Ulli. Toll, dass du schon da bist. Das ist meine Schwester, sie heißt Jella, und sie ist mein Zwilling, und wir kommen in die gleiche Klasse, und ..." „Hey Jannis, stopp mal", unterbricht Jella ihren Bruder und wendet sich an Ulli. „Cool, dich kennen zu lernen. Du heißt Ulli, richtig?"

„Ja, stimmt. Aber wir müssen jetzt los. Wisst ihr schon, in welche Klasse ihr kommt?" fragt Ulli die beiden.

„Ja", sagt Jannis, „als wir letzte Woche mit den Eltern in der Schule waren, wurde uns gesagt, wir kommen in Klasse 5b zu Frau Meier." „Das ist ja meine Klassenlehrerin", freut sich

Ulli, „dann können wir ja immer zusammen zur Schule gehen."

Ulli, Jannis und Jella gehen über einen großen Schulparkplatz an den Sportplätzen vorbei, und betreten den schmalen Weg neben der Schule. „Hier links ist ein Eingang zur Sporthalle", erklärt Ulli den Zwillingen, als diese ihn fragen, warum so viele Schüler dort stehen. „Der Haupteingang ist dort vorn links um die Ecke. Wir müssen dann über den Schulhof in den rechten Anbau, da sind die fünften Klassen untergebracht." Ulli begrüßt zwei Schüler, die neugierig zu den Zwillingen linsen. „Das sind Jannis und Jella, die sind neu, es sind Zwillinge, und sie wohnen direkt neben mir", klärt Ulli die beiden auf. „Sie kommen in unsere Klasse".

Inzwischen haben sie die Glastür erreicht, die in die Schule führt, und alle fünf versuchen gleichzeitig, sich durchzuquetschen, was natürlich nicht klappt. Lachend sortieren sie sich und betreten nach kurzer Zeit ihren Klassenraum.

Frau Meier betritt den Klassenraum und bemerkt sofort die beiden neuen Schüler. „Ihr seid bestimmt Jannis und Jella. Herzlich willkommen in unserer Klasse. Wo kommt ihr her?", fragt sie die beiden. Jella erzählt, dass sie in der letzten Woche aus Bremen nach Henstedt-Ulzburg gezogen seien, da ihr Vater einen neuen Arbeitsplatz in Norderstedt bekommen habe und sie hier ein Haus mieten konnten.

„Das ist ja schön, dass ihr hierhergezogen seid. Aber kommen wir jetzt zum Unterricht. Ulli, kannst du Jannis und Jella den Stundenplan geben? Ihr seid doch heute zusammen hierhergegangen, oder?" Ulli nickt eifrig mit dem Kopf.

Frau Meier setzt sich an ihr Pult. „Kinder, wir fangen jetzt mit einem neuen Thema an. In den nächsten zwei Monaten werden wir uns mit unserer Heimat beschäftigen, genauer gesagt, ihr werdet unseren Ort erkunden. Wer weiß denn schon etwas über Henstedt-Ulzburg?"

Die Schülerinnen und Schüler schauen sich um, ob sich vielleicht jemand anders meldet. Dann reden alle durcheinander: „Freibad ... CCU ... Burg ... Biotop ... AKN ..."

„Ja, es ist schon vieles dabei, über das wir reden wollen, aber bitte nicht alle durcheinander. Ich denke, wir gehen etwas anders vor. Ich werde euch Aufgaben oder Fragen geben, und wir werden eine nach der anderen bearbeiten. Einverstanden?"

 **Aufgabe**: Seit wann hat Henstedt-Ulzburg ein Wappen und eine Flagge?

Wappen von Henstedt-Ulzburg

Die roten Zinnen erinnern an die früh-
mittelalterliche Olzeborch. Die drei
Eichenblätter beschreiben den Zusam-
menschluss der drei Dörfer Henstedt,
Ulzburg und Götzberg zur Großgemeinde im Jahr 1970. Die Eichenblätter wurden ausgewählt, da der
frühere Waldreichtum das Ortsbild
damals prägte. Die blauen Wellenli-
nien deuten die Quellen der Alster und
der Pinnau an, die beide in Henstedt-
Ulzburg entspringen.

Flagge von Henstedt-Ulzburg

Umrisskarte von Henstedt-Ulzburg

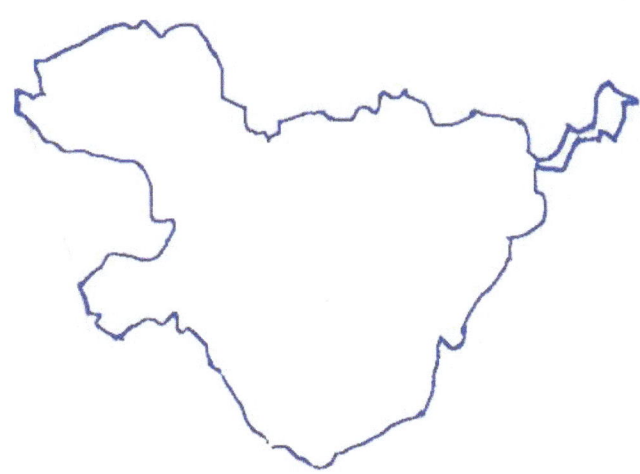

Kapitel 3: So kam der Ort Henstedt-Ulzburg zu seinem Namen

„Beginnen wir mal mit dem Namen unseres Ortes – Henstedt-Ulzburg! Weiß jemand irgendetwas darüber?", fragt Frau Meier. Julia meldet sich. „Ich wohne in Henstedt", sagt sie, als Frau Meier sie drannimmt. „Und Ulzburg ist auf der anderen Seite der Hamburger Straße, da wo das CCU ist." „Fast richtig", antwortet Frau Meier, „die Grenze zu Ulzburg ist ungefähr beim Minigolfplatz." „Aber mein Onkel wohnt auf dem Rhen, wozu gehört das denn?", fragt Ulli.

„Das ist auch ein Ortsteil von Henstedt-Ulzburg. Es gibt sogar noch zwei weitere. Weiß jemand, welche das sind?" Frau Meier schaut sich um. „Ja, Ben?" „Es gibt auch noch Ulzburg Süd." „Richtig. Und welches ist der letzte?" Als sich niemand meldet, fährt sie fort, „Der letzte der fünf Ortsteile unserer Stadt ist Götzberg". „„Wir sind doch gar keine Stadt, hat mein Vater gesagt'", platzt Jannis heraus, „sondern eine Gemeinde." Frau Meier guckt Jannis fröhlich an. „Ja, so ist es. Sogar eine Großgemeinde. Die größte in Schleswig-Holstein. Aber nächstes Mal meldest du dich bitte, bevor du etwas sagst", ermahnt Frau Meier Jannis. „Vielleicht wäre auch jemand anderem aufgefallen, was an meinem Satz falsch war."

„Aber um zu meiner Frage zurückzukommen: Der Name Henstedt bzw. die Endung ‚-stedt' verweist auf eine Gründung des Ortes im frühen Mittelalter. Der Name Ulzburg ist eine Abwandlung des Namens der Burg, die früher hier stand, die Olzeborch. Unsere Schule heißt ja auch so."

Frau Meier schaut auf ihre Armbanduhr. „Die Stunde ist fast zu Ende. Als Hausaufgabe zeichnet ihr bitte eine Karte von unserem Ort, und versucht, die einzelnen Ortsteile einzuzeichnen." Kaum hat sie ihren Satz beendet, klingelt es auch schon, und die Kinder stürmen aus dem Klassenzimmer.

 **Aufgabe**: Finde heraus, seit wann es die drei Dörfer Henstedt, Ulzburg und Götzberg gibt. Tipp: Auf der Homepage der Gemeindeverwaltung gibt es einen Artikel über Geschichte und Gegenwart.

Kapitel 4: Im Beckersbergbad

Endlich ist Schulschluss, und Ulli, Jannis und Jella machen sich auf den Weg nach Hause. „Was machst du heute Nachmittag?" fragt Jella Ulli. „Das Wetter ist so toll. Kann man hier irgendwo schwimmen gehen? Gibt es ein Freibad?" Ulli antwortet begeistert: „Ja, cool, lass uns doch ins Beckersbergbad gehen. Das ist ein Freibad mit einem richtigen See. Da können wir auch zu Fuß hingehen. In die Freibäder nach Kaltenkirchen oder ins Arriba in Norderstedt müsste uns jemand fahren. Und meine Eltern haben heute keine Zeit dafür."

Die Zwillinge sagen, dass sie ihre Mutter fragen wollen, ob das okay sei, und sie verabreden sich für 15.00 Uhr.

Ulli ist gerade fertig mit seinen Hausaufgaben, da klingelt es auch schon an der Tür. Davor stehen nicht nur Jella und Jannis, sondern auch ihre Mutter, die Ulli fragt, ob seine Mutter da sei. „Na klar", sagt Ulli. „Mama!", schreit er ins Haus, und seine Mutter kommt die Treppe herunter. „Hallo Frau Struve, meine beiden würden gern mit Ulli ins Freibad gehen. Dagegen habe ich auch nichts, allerdings habe ich noch einige Fragen. Gibt es dort einen Bademeister, der auf die Kinder aufpasst?" Ullis Mutter bejaht dies, und beantwortet auch noch die anderen Fragen der neuen Nachbarin, und so können die drei Kinder kurz darauf losziehen.

Auf dem Weg zum Freibad gehen sie an einer großen Schule vorbei, und als Jannis fragt, erklärt Ulli, dass dies das Alstergymnasium sei. „Das einzige Gymnasium hier im Ort, und es hat mehr als 1.000 Schüler. Einige aus meiner alten Klasse sind auch nach Norderstedt oder nach Quickborn aufs Gymnasium gegangen."

„Und das hier ist die Tonne, unser Jugendzentrum", sagt Ulli, als sie kurz darauf einen Wanderweg kreuzen, und links ein halbrundes Gebäude auftaucht. „Hierher gehe ich auch manchmal. Man kann hier Tischtennis spielen oder Musik machen und in den Sommerferien gibt es hier tolle Ferienpassangebote."

„Und hier auf der Wiese ist ganz häufig ein Zirkus. Da gehe ich aber nicht so gern hin", berichtet Ulli weiter. „Guckt, da vorn ist schon das Beckersbergbad." Auf der anderen Straßenseite sehen Jella und Jannis eine hohe Hecke, doch dahinter ist es ziemlich laut. „Es scheint voll zu sein", mutmaßt Jannis, was sich bestätigt, als sie die 1,50 Euro Eintrittspreis zahlen. „Ey, wie cool. Da sind ja sogar Sprungbretter und richtiger Sand, und ein Kiosk, und da spielen ja sogar welche Beachvolleyball", ruft Jannis begeistert.

Jella sucht einen Platz im Sand unter einem Baum und zieht schnell ihre Sachen aus. Ihren Badeanzug hatte sie schon zu Hause angezogen. „Jungs, seht zu, ich bin schon im Wasser", ruft sie, und rennt los. „Iiih, ich habe einen Fisch gesehen", schreit sie kurz darauf und ist genauso schnell wieder draußen. „Die tun dir doch nichts", lacht Ulli, „stell dich nicht so an". Und diesmal ist er es, der am schnellsten im Wasser ist.

 **Aufgabe:** Welche Fische schwimmen im Beckersbergteich? Darf man dort auch angeln oder nur schwimmen?

Kapitel 5: Die Gründung Henstedt-Ulzburgs

Am nächsten Tag in der Schule schaut Frau Meier sich die gezeichneten Ortskarten an. „Das habt ihr alle sehr gut gemacht. Wahrscheinlich habt ihr gemerkt, dass die einzelnen Ortsteile nicht genau abzugrenzen sind. Daher erzähle ich euch jetzt etwas über unseren Ort:

Schon lange gab es den Ort Götzberg, den Ort Henstedt und den Ort Ulzburg. In Götzberg und in Henstedt gab es überwiegend Bauernhöfe, während sich in Ulzburg vor allem Kaufleute, Handwerker und Beamte ansiedelten. Je mehr Menschen allerdings hierherzogen, da diese Orte nah an der Hansestadt Hamburg liegen, desto näher rückten die Grenzen zusammen. So beschloss man sich zusammenzutun, und 1970 entstand aus diesen drei Orten die Gemeinde Henstedt-Ulzburg. Rhen, was wir bisher als eigenen Ortsteil betrachtet haben, gehörte zum Ort Henstedt, und der Ortsteil Ulzburg Süd wuchs so langsam dazwischen und gehört im Prinzip zu Ulzburg. Hat jemand eine Idee, warum so viele Menschen hierherzogen?"

Svea meldet sich. „Vielleicht, weil sie nicht in der großen Stadt leben wollten?" „Ja, das ist auch ein Grund, Svea", erwidert Frau Meier. „Hat noch jemand eine Idee?" Als sich niemand meldet, fährt sie fort: „Auf dem Land gab es immer weniger Arbeit, deshalb suchten sich viele einen Job in Hamburg. Aber es gab dort nicht so viele Wohnungen, und vor allem war die Miete auch sehr hoch. Daher suchten die

Menschen einen Wohnort in der Nähe der Großstadt. Auch heute ist es noch so, ihr seht ja selbst, wie viele neue Häuser hier gebaut werden. Allerdings sind die Mietkosten oder die Kaufpreise für Häuser heute nicht mehr so viel günstiger als in Hamburg, wie es vor 50 Jahren war.

Aber um zu eurer Hausaufgabe zurück zu kommen. Am schwierigsten ist es für euch wahrscheinlich gewesen, Henstedt und Ulzburg auf eurer Karte zu trennen. Ich habe euch letztes Mal ja erzählt, dass die Grenze ungefähr beim Minigolfplatz verläuft. So ganz richtig ist das aber nicht. Hat jemand schon mal von der ‚Krambek' gehört? Niemand? Nun, das ist der kleine Wasserlauf, der bei der Tonne unter der kleinen Brücke fließt. Die Grenze zwischen diesen beiden Ortsteilen verläuft genau da."

Ulli hebt die Hand. „Krambek habe ich ja noch nie gehört. Wo ist denn die Alster, von der immer alle reden?" „Die Quelle liegt in Henstedt-Rhen, da ist es aber nur ein kleiner Bach und nicht so beeindruckend wie in Hamburg", antwortet Frau Meier, „aber damit werden wir uns zu einem späteren Zeitpunkt beschäftigen. Nein, wir werden uns die Quelle sogar anschauen. Bevor wir das machen, wollen wir aber erstmal einen Ausflug zur Mühle machen. War schon einmal jemand da?"

In der hinteren Reihe melden sich zwei Kinder. „Wir waren im letzten Jahr da. Da war irgendwie so ein Fest, wir haben ganz leckeren Kuchen gegessen", sagt Nina, als sie drangenommen wird. „Pfingstmontag ist in ganz Deutschland

Mühlenfest", erklärt Frau Meier, „natürlich wird dann auch an der Götzberger Mühle gefeiert. Und gegessen hast du bestimmt die berühmte Buchweizentorte. Ich wollte letztes Jahr auch ein Stück davon haben, aber die war schon alle. Da habe ich wohl Pech gehabt.

Aber da ihr ja vorhin von der Alster gesprochen habt: Als Hausaufgabe versucht doch mal herauszubekommen, welche Flüsse, oder sollte ich sagen Flüsschen, sich außerdem in Henstedt-Ulzburg befinden." Und da klingelt es auch schon.

Auf dem Schulhof stellt sich Nina zu Ulli und den Zwillingen. „Ulli, gehst du am Wochenende wieder Handball gucken? Die Frogs spielen doch wieder." „Sind die gut?", fragt Jella. „Ich habe in Bremen auch Handball gespielt." „Na klar", ruft Nina aufgeregt, „die Mädchenmannschaften sind einfach die besten. Am Donnerstag ist wieder Training, komm doch mit."

„Ich mag keinen Handball," sagt Jannis, „ich habe Fußball gespielt und gehe gerne skaten. Aber ich habe keine Ahnung, wo man das hier machen kann."

Ulli erklärt Jannis, dass es in Henstedt-Ulzburg viele verschiedene Fußballplätze gibt und auch eine Skaterbahn. „Die Skaterbahn befindet sich im Bürgerpark, aber da sind meistens ältere Jugendliche. Da mag ich nicht so gerne sein. Ich kann sie dir aber gern mal zeigen." Die beiden Jungs verabreden sich für den Nachmittag.

 **Aufgabe**: Versuche herauszufinden, welche verschiedenen Sportarten du in Henstedt-Ulzburg ausüben kannst, und welche Sportvereine es gibt.

Kapitel 6: Die Götzberger Mühle

In der darauffolgenden Woche findet der Klassenausflug zur Götzberger Mühle statt. Mit dem Bus fährt die Klasse die wenigen Kilometer zum Treffpunkt. Dort werden sie von zwei Mitgliedern des Mühlenvereins in Empfang genommen. Nach einer Einführung über die Geschichte der Mühle betreten sie das Gebäude. Im Eingangsbereich gibt es eine kleine Ausstellung mit alten Bildern und Gegenständen aus der Zeit, in der die Mühle noch in Betrieb war.

„Boah, Ulli, guck dir mal diesen Stein hier an. Wer hat den denn hierhergeschleppt, der ist ja riesig". Herr Ahle, einer der beiden Mühlenführer, hat die Bemerkung gehört. „Da hast du Recht, der ist richtig groß. Weiß jemand, was das ist?" Die Kinder gucken sich an, bis Nina sich meldet. „Ist das ein Mahlstein?" Das bestätigt Herr Ahle, und erzählt, dass dieser 800 kg wiege und einen Durchmesser von 1,40 habe. „Packt mal eure Jacken und Taschen in den Nebenraum dort, dann gehen wir gleich einmal ein Stockwerk höher, da können wir uns die Technik genauer anschauen."

Nach anderthalb Stunden ist die Führung beendet und die Klasse darf noch von dem leckeren Buchweizenbrot probieren und jeder bekommt ein Rezept zum Nachbacken mit. Alle gehen noch in den kleinen Laden der Mühle, wo es neben verschiedenen Brotbackmischungen auch Marmelade und Honig zu kaufen gibt.

Auf dem Rückweg gibt Frau Meier den Kindern die Hausaufgabe, einen zweiseitigen Aufsatz über das Erlebte zu schreiben.

Die Götzberger Mühle

Vorwort

In diesem Text berichten wir euch über den Aufbau und die Geschichte der Götzberger Mühle aus Henstedt-Ulzburg.

Geschichte

Die Götzberger Mühle heute

Die Götzberger Mühle wurde 1877 von Hans Heinrich Möller gebaut. Hans Heinrich Möller war von Beruf Zimmermeister. Er hatte beim Bau der Mühle Hilfe von vier Zimmerleuten. Anfangs war ein Erdhügel unter der Mühle, deshalb wurde sie Erdholländer genannt. 1879 ging die Mühle in den Besitz von

Marx Schlüter über und ist bis heute im Familienbesitz. 1895 wurde der Erdhügel abgetragen und durch einen Unterbau ersetzt. Deshalb heißt sie seitdem „unterbauter Holländer". Damit ist sie die einzige dieses Typs in Schleswig-Holstein.
Später wurde das Dach des 2m langen Vorbaus, der ein Teil des Unterbaus ist, durch Dachschindeln ersetzt.

1974 wurde die Mühle unter Denkmalschutz gestellt. Durch einen Sturm 2004 stand die Mühle kurz vor dem Abriss, doch durch die Gründung des Mühlenvereins konnte die Mühle gerettet werden. Der Mühlenverein sammelt Geld dafür, dass die Mühle erhalten bleibt. Die Haupteinnahmequelle ist das Mühlenfest, an dem die Mühle auch besichtigt werden kann. Dieses findet jedes Jahr am Deutschen Mühlentag am Pfingstmontag statt.

Heute ist die Mühle nicht mehr gewerblich in Betrieb.

Aufbau und Techniken

Da es noch kein elektrisches Licht gab, als die Mühle gebaut wurde, wurden beim Bau sehr viele Fenster eingesetzt, um Licht zu spenden. Vom Arbeitsraum im ersten Stock (Boden) gibt es *zwei Türen[1], die auf das Dach des Unterbaus führen, von wo aus die Mühlenflügel betätigt werden. Die Mühle ist 13 m hoch und hat fünf Böden. Die gesamte Flügellänge beträgt 19 m.*

Auf dem zweiten Boden befinden sich drei Mühlenmahlsteine, die jeweils 800 kg wiegen und einen Durchmesser von 1,40 m haben. Die Mühlensteine sind dicht übereinander in einem Kasten so befestigt, dass zwischen den beiden Steinen so viel Platz ist, dass die durch ein Rohr zwischen die Mahlsteine transportierten Körner zermahlen werden.

Außerdem enden dort auch zwei ‚Körnerfahrstühle'. Sie bestehen aus einem senkrechten Zugband, an dem kleine Kästen befestigt sind und die Körner vom Absackboden in den 2. Stock befördern. Wenn die Körner oben ankommen, werden sie in das Rohr geschüttet, das die Körner über einen Rüttelschuh zwischen die Mühlensteine weiterleitet.

Der obere Mühlenstein dreht sich im Uhrzeigersinn auf dem unteren feststehenden. Man konnte die Höhe einstellen, je näher sie aneinander waren, desto feiner wurde das Mehl, das dann durch ein braunes Rohr in eine große Schüssel fiel. In einer Stunde schafften die Mühlensteine bis zu 800 kg Korn zu Schrot

---

[1] Das war arbeitsschutzrechtlich nötig, da der Mitarbeiter nie auf der Seite auf das Dach gehen durfte, wo gerade die Flügel waren

und bis zu 500 kg zu Mehl zu verarbeiten. Wann in jedem Jahr mit dem Mahlen begonnen werden konnte, hing vom Wetter ab.
Auf einer in der Mühle befindlichen Holzleiste sind die jeweiligen Daten noch heute abzulesen.

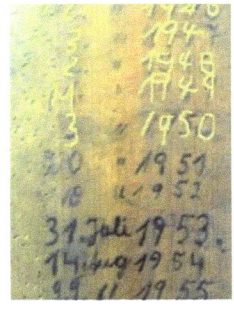

Die gefüllten Säcke wurden von dem Mühlengehilfen hin und her befördert. Ein Sack wog etwa 100 kg. Das war ganz schön schwer. In der Mühle haben trotz der schweren Arbeit nur zwei Leute gearbeitet. Und zwar der Müllermeister und sein Gehilfe. Es gibt verschiedene Flügelstellungen der Mühle, die unterschiedliche Bedeutungen haben. Hier im Bild sieht man vier ver-

schiedene Stellungen, wie Freudenschere, Schere im Andreaskreuz, Feierabend und Trauerschere.

Aus Respekt gegenüber dem 2018 verstorbenen Klaus J. Schlüter wurde an seinem Todestag die Trauerschere gezeigt. Es gibt im unteren Teil einen Laden. Dort kann man Mehl, Honig und vieles mehr kaufen. Heute ist sie die letzte im Kreis Segeberg erhaltene Windmühle und wird oft von Kindergärten, Schulen oder auch anderen Gruppen besichtigt.

Dieser Text entstand während des Projektes „Henstedt-Ulzburg digital für Kinder".

Das leckere, einfach und schnell zu backende Dinkel-Buchweizen-Brot

25 g Hefe in ½ Liter Wasser auflösen

400 g Dinkelvollkornmehl

100 g Buchweizenmehl

2 TL Salz

2-3 EL Obstessig

75 g Leinsamen

75 g Sesam

75 g Sonnenblumenkerne

Alles mit dem Knethaken gut mischen und in eine große Kastenform füllen (nicht gehenlassen!). In den kalten Backofen stellen und eine Stunde bei 220° C backen.

Die Zutaten hierzu erhalten Sie natürlich im Mühlenshop.

Kapitel 7: Die Rallye

Am Nachmittag sind Ulli, Jannis und Jella bei Nina zum Geburtstag eingeladen. Als sie dort ankommen, treffen sie eine Menge ihrer Klassenkameraden. „Kommt rein", sagt Nina. „Wir wollen jetzt Kuchen essen und dann machen wir eine Rallye. Mal sehen, welche Gruppe am schnellsten ist."

Alle müssen aus einem Topf einen Zettel ziehen, auf dem eine Zahl steht. „Wir machen drei Gruppen, in jeder sind vier Kinder", erklärt Ninas Vater. „Die erste Gruppe startet um halb vier, die zweite eine Viertelstunde später und die dritte um vier. Alle sollten nach ungefähr einer Stunde wieder hier sein."

Das Los ergibt, dass Ulli und Jella in einer Gruppe sind, Jannis ist in einer anderen. Ullis Gruppe startet als zweite, und als es los geht, bekommen sie einen Startplan von Ninas Vater.[2]

Gut 90 Minuten später sind alle zurück, und Ninas Vater verkündet die Siegergruppe. „Ihr wart alle ziemlich gut", verkündet Ninas Vater, „die richtige Lösung ist 2328. Und damit haben die Gruppen 2 und 4 das richtige Ergebnis. Aber da Ninas Gruppe schneller wieder hier war, darf ich meine Tochter und den Rest der Gruppe 2 zu Siegern erklären", ruft er stolz.

---

[2] Die Fragen zur Rallye findet ihr im Anhang.

„Wow", ruft Nina strahlend, und sie und ihre Gruppe nehmen ihren Preis in Empfang, einen Gutschein für ein großes Eis in der Eisdiele an der Beckersbergstraße. Aber natürlich bekommen auch die anderen Kinder einen, allerdings ist dieser nur für zwei Eiskugeln. Nach einem spannenden Wii-Duell und einer Pizzaschlacht geht die Party zu Ende.

 **Aufgabe**: Gibt es in Henstedt-Ulzburg große Familienveranstaltungen? Fragt doch mal eure Eltern.

Kapitel 8: Es gab mal eine Burg

„Heute wollen wir über den Ortsteil Ulzburg sprechen", sagt Frau Meier am nächsten Tag in der Schule. „Der Namensteil ‚-burg' lässt darauf schließen, dass hier einmal eine Burg stand. Das ist auch richtig, aber es war nicht so eine Burg, wie ihr es euch vielleicht vorstellt.

Vielleicht kennt ihr die Straße ‚Alter Burgwall'? Diese liegt hinter der Tankstelle auf der rechten Seite der Hamburger Straße, wenn ihr Richtung Norderstedt unterwegs seid", erzählt die Lehrerin. „Der Name Burgwall sagt schon etwas über den Typ der Burg aus. Es handelte sich hier um einen aufgeschütteten ringförmigen Wall. Auf diesem Wall wurden sogenannte Palisaden, man kann dazu vielleicht auch Holzwände sagen, errichtet. Diese Ringwallburg war dazu da, die damalige Heerstraße zu sichern. Leider ist heute überhaupt nichts mehr davon zu sehen. 1962 haben Archäologen versucht, etwas Näheres herauszufinden, aber bis auf Überreste des Walls und einige Scherben aus dem frühen Mittelalter konnte nichts Spezielles gefunden werden. Auf jeden Fall ist es ca. 1000 Jahre her, dass diese Burg beziehungsweise der Wall gebaut wurde. An dieser Stelle entstand danach der Ort Olzeborch. Dieser Name änderte sich später in ‚Ulzburg'.“

Frau Meier wartet einen Moment, ob hier Fragen auftauchen. Als sich kein Kind meldet, fährt sie fort. „Dass es hier eine Ringwallburg gab, lässt darauf schließen, dass es etwas gab, das man sichern musste. Und tatsächlich lag Olzeborch an einer wichtigen Heer- und Handelsstraße zwischen Dänemark und Hamburg, auf der einerseits die Soldaten, anderseits aber auch Handelswaren von A nach B reisten. Durch das Wasser der Pinnau war hier ein sehr mooriges Gebiet. Und an dieser Stelle war die Quere sehr eng, so dass man die Straße hier sehr gut sichern und kontrollieren konnte.“

„Könnt ihr euch vorstellen, dass hier früher viele tausend Ochsen im Jahr auf dieser alten Handelsstraße vorbeikamen?“ Frau Meier blickt sich um. „Die Ochsen wurden aus Dänemark über den Ochsenweg nach Hamburg getrieben, wo diese dann mit einer Fähre über die Elbe gesetzt wurden. Kurz erwähnen möchte ich noch, dass es auch eine Zollstelle gab, an der Gebühren entrichtet werden mussten, falls man hier durchwollte. Die Handelsstraße hieß damals übrigens ‚Via Regia'. Das ist lateinisch und heißt in etwa ‚königlicher Weg'.

Wisst ihr eigentlich, dass wir hier in Henstedt-Ulzburg noch eine zweite Burg hatten? Wahrscheinlich nicht, dass ist auch kaum bekannt. Hier handelt es sich um einen Turmhügel, eine sogenannte ‚Motte'. Diesen und auch eine Informationstafel kann man am Beckershof sehen."

 **Aufgabe**: Versuche herauszufinden, wie lang der Ochsenweg war.

Kapitel 9: Wo ist denn der Hund?

„Sag mal, Jannis, willst du heute mal mit zum Fußball kommen?", fragt Ulli auf dem Weg nach Hause. „Wir trainieren heute um vier." Jannis nickt begeistert. „Aber erstmal muss ich noch Hausaufgaben machen. Hast du Mathe kapiert?" „Nicht so richtig, ich frage meinen Papa nochmal, der ist richtig gut in Mathe. Aber das geht erst abends, vor sechs ist er nicht da. Komm doch später mit zu mir, dann kann er es uns beiden erklären."

Um halb vier steht Jannis mit seinem Fahrrad vor dem Nachbarhaus und wartet auf Ulli. „Und lasst eure Fahrradhelme auf", verabschiedet Ullis Mutter die beiden, „ihr habt doch bestimmt von dem Mädchen gehört, das letzte Woche so schwer verunglückt ist. Mit Helm wären die Verletzungen nicht so schlimm gewesen. Und viel Spaß euch beiden."

Die beiden Jungen radeln vergnügt den Wanderweg entlang. Bei der Henstedter Kirche sehen sie eine Pfadfindergruppe, wo sie ihre Klassenkameradin Nina entdecken und ihr zuwinken. Nach ein paar hundert Metern sind sie auch schon beim Fußballplatz des SVHU in der Bürgermeister-Steenbock-Straße angekommen. „Hallo Ulli", wird er vom Trainer begrüßt, „hast du uns Verstärkung mitgebracht? Ich bin Dieter", sagt er zu Jannis, „hast du Lust mitzumachen?"

„Darf ich?", fragt Jannis, und als der Trainer nickt, zieht der Junge seine Fußballschuhe an.

Nach gut 90 Minuten schieben die beiden verschwitzt ihre Fahrräder zur Straße und fachsimpeln über ihre Lieblingsmannschaften. Da sieht Ulli aus dem Augenwinkel einen Hund quer über die Straße sausen. „Hey, hast du den gesehen? Ist der hier ganz allein?" „Was denn?", fragt Jannis, „was hat du gesehen?" Aber Ulli steht schon auf dem Bürgersteig und schaut von links nach rechts. „Na, den Hund gerade eben. Da hinten läuft er, aber ich sehe keinen Menschen, zu dem er gehören könnte. Lass uns mal hinterher!" Er schwingt sich auf sein Rad, und Jannis tut es ihm gleich. Als sie an einem Kornfeld vorbeifahren, sehen sie den Hund wieder quer über die Straße laufen und links in einen kleinen Wald verschwinden. Die beiden Jungen machen das Gleiche, doch als sie dort ankommen, ist der Hund verschwunden. „Merkwürdig", sagt Jannis, „wo ist er denn hin?" Sie fahren in den Wald hinein, doch sie sehen und hören nichts mehr. Nachdem sie etwas gewartet haben, drehen sie wieder um. Vor den Bäumen halten sie an und schauen noch einmal um sich. „Schulwald", liest Jannis von einem Schild vor, „was ist denn ein Schulwald?" „Das weiß ich auch nicht so genau", meint Ulli, „wir waren aber in der Grundschule zweimal hier. Der Wald muss also irgendwie zur Olzeborchschule gehören."

Als sie zu Hause ankommen, ist Ullis Vater schon da, und sie erzählen ihm die merkwürdige Geschichte von dem Hund. „Das hört sich nach einem kleinen Ausreißer an. Vor dem Wald sind doch ein paar Häuser, bestimmt gehört er dahin und ist schnell im Garten verschwunden. Deshalb konntet ihr ihn bestimmt nicht mehr finden." Die Erklärung von Ullis Vater hört sich logisch an. Danach fragen sie ihn, ob er ihnen noch einmal Mathe erklären kann, und kurze Zeit später haben die beiden Jungen ihre Hausaufgaben erledigt.

 **Aufgabe**: Wie hieß der erste Bürgermeister nach der Gründung der Großgemeinde, und wie lange war er Bürgermeister?

Kapitel 10: Ulzburg

„Im Ortsteil Ulzburg hat sich in den letzten Jahren viel verändert", erklärt Frau Meier in der nächsten Unterrichtsstunde. „Ihr seid zu jung, um die meisten Veränderungen mitbekommen zu haben, aber eure Eltern werden davon noch viel wissen. Das Rathaus steht an dieser Stelle erst seit 1996. Vorher war es schräg gegenüber, da, wo jetzt die Eisdiele ist. Da Henstedt-Ulzburg aber sehr gewachsen ist, wurde das Rathaus zu klein. Kurz danach wurde die AKN unter die Straße gelegt. Früher fuhr sie über der Erde, und kreuzte die Hamburger Straße zweimal. Aus der ehemaligen Eisenbahntrasse wurden schöne Wanderwege. Und wo jetzt das CCU steht, war vorher eine kleine Einkaufspassage. Überhaupt sind im Ortsteil Ulzburg die meisten Einkaufsmöglichkeiten. Aber die kennt ihr ja sicherlich."

Ulli meldet sich. „Mein Vater hat mir erzählt, dass der Wanderweg zu unserer Schule früher eine Eisenbahntrasse war." „Das ist richtig", antwortet Frau Meier. „Aber das ist noch länger her. Um 1900 wurde die Bahnstrecke zwischen Elmshorn und Bad Oldesloe eröffnet. Da die Fahrzeit mit knapp vier Stunden aber viel zu lang war, entschied man sich in den 1970er Jahren, die Strecke nicht mehr zu nutzen. Ca. 1980 wurden die Gleise, die über den heutigen Wanderweg führten, abgebaut. Diese Bahnlinie hieß übrigens EBO: Elmshorn – Bad Oldesloe."

Frau Meier erzählt ihren Schülerinnen und Schülern noch etwas über das Bürgerhaus und die Kulturkate, die zwischen den Ortsteilen Ulzburg und Henstedt liegen, bevor sie ihre Hausaufgabe erklärt: „Beim nächsten Mal wollen wir uns mit der Bedeutung einiger Straßennamen beschäftigen. Bei einigen ist es recht interessant, woher sie stammen. Zugleich lernen wir etwas über unseren Ort. Fragt doch mal eure Eltern, vielleicht wissen die etwas darüber."

Als es zur Pause klingelt, stürmen die Kinder aus dem Klassenraum. „Wir wohnen im Virchowring", sagt Ulli zu Jannis und Jella. „Ich habe keine Ahnung, welche Bedeutung der Name hat."

Als Ulli nach Hause kommt, fragt er seine Mutter danach. Auch diese guckt erstmal ratlos, schaltet dann aber ihren Laptop ein und googelt den Namen. ‚Rudolf Virchow war ein deutscher Arzt, Pathologe und Anthropologe. Er lebte von 1821 bis 1902', liest Ullis Mutter vor. „Oh, und er hat ganz bedeutende Entdeckungen gemacht. Das ist ja richtig spannend."

Bevor sie weiterlesen kann, unterbricht Ullis Vater. „Nein, Hella, deshalb heißt es hier aber nicht Virchowring. Ich lese euch mal vor, was auf der Webseite von Henstedt-Ulzburg steht: ‚Im August 1964 übernahm die Gemeinde Ulzburg die Patenschaft für die ehemaligen Bewohner des Kirchspiels Virchow mit den Orten Virchow, Groß-Sabin, Klein- Sabin, Neuhof, Neu-Latzig und Schönfeld.' Und diese Orte liegen in

Polen. Die Bewohner mussten nach dem Ende des zweiten Weltkriegs aus ihren Dörfern fliehen."

„Oh", ergänzt Ullis Mutter, „daher auch die Namen Klein-Sabiner-Ring und Groß-Sabiner-Ring."

 **Aufgabe:** Wie viele Einwohner hatte Henstedt-Ulzburg bei der Gründung der Großgemeinde 1970, und wie viele hat sie heute?

Kapitel 11: Wochenende

Es klingelt an Ullis Haustür. Als er öffnet, steht Jannis vor der Tür. „Hey, Ulli, wir wollen heute mal zum Minigolf gehen. Hast du Lust mitzukommen?" Ulli bejaht das, und kurz darauf gehen Jella, Jannis und Ulli los. „Mich könnt ihr nicht besiegen, ich bin ein richtiger Profi", gibt Ulli an, „ich habe letztes Mal nur 40 Schläge gebraucht." Jella und Jannis schauen sich an. „Wir waren noch nicht oft beim Minigolf", gibt Jella zu, „aber so schlecht waren wir da auch nicht."

Sie überqueren die Beckersbergstraße bei der Fußgängerampel und holen sich dann am Minigolf-Kiosk ihre Bälle und Schläger ab. „Dann mal los" sagt Jannis, und geht zielstrebig zur ersten Bahn. „Wer fängt denn an?" fragt er, und bevor er sich versieht, hat Ulli seinen Ball auch schon auf den Startpunkt gelegt. „Mist", ruft dieser, als bei seinem ersten Schlag sein Ball die Bahn verlässt. Doch mit den nächsten zwei Schlägen beendet er die Bahn. Jella und Jannis brauchen auch jeweils drei, und bis zur letzten Bahn liefern die drei sich ein heißes Duell. Lachend klatschen sie sich ab. „Das war cool", sagt Ulli. „Was habt ihr denn morgen vor?" „Unser Vater hat morgen Geburtstag" sagt Jella, „da fahren wir nachmittags ins Café Saggau nach Ellerau. Da soll es richtig guten Kuchen geben. Und vorher kommen noch unsere Tante und unser Onkel mit unseren beiden Cousinen."

„Schade", meint Ulli, „ich hätte noch einmal Lust auf ein Minigolf-Duell gehabt."

Kapitel 12: Städtepartnerschaften

In der nächsten Stunde erzählt Ulli stolz, was seine Eltern über seinen Straßennamen herausgefunden haben. Frau Meier nickt anerkennend und bittet dann die anderen Kinder, sich zu melden, falls noch jemand etwas weiß.

Ben meldet sich. „Ich wohne in der Maurepasstraße. Mein Vater sagt, Maurepas ist eine Stadt in Frankreich."

„Ich wohne Am Trotz. Das heißt so, weil ich immer so trotzig bin, sagt meine Schwester", witzelt Leon.

„Das kann schon sein, Leon", grinst Frau Meier, „ich weiß leider nicht, warum die Straße so heißt. Ben, dein Vater hat aber recht. Unser Henstedt-Ulzburg hat heute vier Gemeindepartnerschaften. Das sind besondere Verbindungen zwischen zwei Orten, um sich wirtschaftlich oder kulturell auszutauschen oder zu ergänzen.

Neben Maurepas in Frankreich hat Henstedt-Ulzburg noch Partnerschaften mit Usedom in Ostdeutschland, mit Wierzchowo in Polen und die neueste mit Waterlooville in England.

Dafür wurde vor einigen Jahren auch der Europagarten neben dem Rathaus angelegt. Dieser ist daher auch besonders gestaltet: Das Wasser im Springbrunnen steht für Usedom, die Rosen wurden gepflanzt für Waterlooville, der Lavendel für Maurepas und die Birken für Wierzchowo."

 **Aufgabe**: Habt ihr eine Ahnung, warum der große Wanderweg „Korl-Barmstedt-Weg" heißt?

Kapitel 13: Ausflug in Henstedt

Der Schultag startet mit einer Mathearbeit. Das Lernen mit Ullis Vater hat sich ausgezahlt, so dass Jannis und Ulli ohne Probleme fertig werden. Jella hat es leider nicht so gut getroffen. Mit schlechter Laune geht sie in die Pause. „Ich verstehe das einfach nicht. Mathe ist doof." Ihren Freundinnen geht es ähnlich und sie gehen gemeinsam zur Cafeteria, um sich einen Snack zu kaufen.

Nach der Pause haben sie wieder Frau Meier im Unterricht. „Heute ist das Wetter so schön. Ihr musstet gerade eine Mathearbeit schreiben, oder?" Als die Kinder bejahen, schlägt sie vor, den Unterricht nach draußen zu verlegen. „Wir gehen mal Richtung Wöddelteich, und dann will ich euch etwas zeigen."

Frau Meier führt die Kinder auf eine Wiese, in deren Mitte ein riesiger Stein liegt. „Der ist ja cool", sagt Nina. „Warum sind denn in dem Stein so viele Rillen?"

„Das ist eines von drei Kunstwerken, die der Bildhauer Thomas Behrendt in Henstedt-Ulzburg aufgestellt hat. Dieses hier nennt sich ‚Sieben-Wege-Brunnen'. Auf dieser Wiese war früher der Mittelpunkt Henstedts. Von hier aus wurde das Vieh auf den sieben Wegen, die ihr hier sehen könnt, auf die Weiden getrieben. Ebenso nutzten die Bauern die Wege, um selbst in die benachbarten Dörfer zu kommen."

„Kennt ihr das Gebäude dort drüben", fragt sie weiter, und zeigt auf ein rotes Backsteingebäude neben der Wiese.

„Ja, das ist ein Kindergarten. Da war ich früher, bevor ich zur Schule ging", sagt Majbritt, die sich vorher gemeldet hatte.

Die Lehrerin fordert die Kinder auf, mit ihr zu kommen. Das Gebäude ist mit einem Zaun umgeben, aber sie möchte gar nicht hineingehen. Sie zeigt auf ein weißes Schild, das neben dem Eingang hängt. „Weiß jemand von euch, was das ist?" Auf dem Schild ist ein Quadrat mit vielen schwarzen Strichen und Ecken zu sehen. Als sich niemand meldet, erklärt sie, dass es sich um einen QR-Code handele.

„Ihr habe doch schon fast alle Smartphones, oder?" fragt sie in die Runde. „Es gibt bestimmte Apps, mit denen man Codes scannen kann. Daraufhin wird häufig eine Internetseite angezeigt, die weitere Informationen bietet. Auch in diesem Fall ist das so. Ich habe euch das einmal ausgedruckt." Sie verteilt die Kopien an die Schülerinnen und Schüler und erzählt dann, dass dieses Gebäude eine ehemalige Schule ist. „Diese Schule war der Vorgänger der Olzeborchschule. Damals gab es nur wenige Klassen und die Lehrer wohnten auch im Schulgebäude.

Eure Hausaufgabe ist es, diese Zettel gründlich zu lesen, denn in der nächsten Stunde schreiben wir einen Test über das, was wir bisher über Henstedt-Ulzburg gelernt haben."

Der folgende Text wurde beim Projekt „Henstedt-Ulzburg digital für Kinder" 2018/2019 durch passende Bilder ergänzt.

Schule am Wöddel

In der zweiten Hälfte des 17. Jahrhunderts bewohnte die Schulmeisterfamilie eine 60 m² große Kate (Reetdachhaus) in Henstedt. Der Unterricht der 30 bis 40 Kinder fand in der Wohnstube statt, aber nur in den Wintermonaten, denn im Sommer mussten die Kinder bei der Feldarbeit helfen.

Es gab noch keine Schulpflicht. Ziel des Unterrichts war es, die Kinder auf die Konfirmation vorzubereiten. Lesen und Auswendiglernen des Katechismus (Lehrbuch für den christlichen Glaubensunterricht) stand im Vordergrund. Geschrieben wurde mit Gänsefedern und Tinte auf Papier.

1740 musste die Henstedter Schulkate neu gebaut werden. Aufgrund der geringen Bezahlung (hauptsächlich Naturalien und Heizmaterial) bewarben sich meist keine ausgebildeten Lehrer (Voraussetzung war Lesen und Schreiben können). Ein Nebenberuf als Handwerker oder Tagelöhner zum Lebensunterhalt war notwendig.

1814 wurde die allgemeine Schulpflicht eingeführt, für Sommer- und Winterschule. Sie bestand vom siebten Lebensjahr  *bis zur Konfirmation. Aber noch 1864 besuchten nur wenige*

Schule am Wöddel vor 1912 im Winter

Kinder die Sommerschule in Henstedt. Ab 1894 wurde durch die Regierung eine nur vierwöchige Sommerpause verfügt.

Die Schule war auch Ort des Dorfvergnügens. Schulbälle und Kindervogelschießen brachten dem Lehrer zusätzliche Einnahmen.

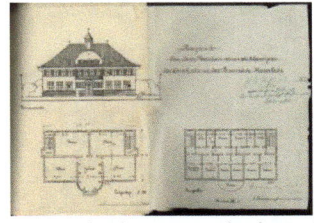

Bis Anfang des 20. Jahrhunderts stand an der Ostseite des Wöddels noch ein Reetdachhaus als Schulgebäude. Das 1843 erbaute Gebäude, mit drei Klassenzimmern für über 200 Schüler, wurde bei dem damaligen Bevölkerungszuwachs zu klein. Im Februar 1912 wurde es abgerissen und an gleicher Stelle das jetzige Schulgebäude errichtet.

Bereits am 7. Oktober fand die Einweihungsfeier statt. Es hatte vier Klassenräume sowie 2 ½ Lehrerwohnungen (für zwei Lehrerfamilien und eine alleinstehende Lehrperson) im Obergeschoss.

Die Schuleinweihung 1912

Nach dem Neubau der Henstedter Volksschule im Jahre 1967 an der Beckersbergstraße diente das Gebäude noch weiterhin als heilpädagogische Sonderschule bis sie 1988 zum Kindergarten umgebaut wurde.

Der Schulhof, der in der Vergangenheit auch als Dorfversammlungsplatz diente, wurde als Spielplatz für den Kindergarten hergerichtet. Das schöne Backsteingebäude (Entwurf des Henstedter Zimmermeisters Jochim Schümann) steht inzwischen unter Denkmalschutz.

 **Aufgabe**: Der Sieben-Wege-Brunnen ist nur eines der drei Kunstwerke von Thomas Behrendt in Henstedt-Ulzburg. Wie heißen die anderen beiden und wo befinden sie sich?

Kapitel 14: Es wird gruselig

„Wir sind jetzt fast am Ende mit unserem Thema der letzten Wochen ‚Henstedt-Ulzburg'. Zum Abschluss machen wir noch einen Ausflug." Frau Meier schaut gespannt in die Runde.

Neugierig fragt Jella: „Und wohin gehen wir?" „Wir fahren zur Alsterquelle. Henstedt-Ulzburg hat ja, ehrlich gesagt, nicht so viele Sehenswürdigkeiten. Aber da wir uns jetzt noch kurz mit dem Ortsteil Rhen beschäftigen müssen, ist mir ein Ausflug zur Quelle dieses bekannten Flusses wichtig. Habt ihr eine Idee, was sich sonst noch im Ortsteil Rhen befindet?"

Ben ruft „Costa Kiesa" in den Raum, worauf Frau Meier ihn berichtigt, dass die der Wilstedter See eigentlich eher zu Tangstedt gehöre. „Aber wenn du zur Costa Kiesa fährst, kommst du noch an einem sehr wichtigen Gebäude auf dem Rhen vorbei."

Ben denkt nach, aber als er nicht weiß, was seine Lehrerin meint, nimmt diese Ulli dran. „Das Krankenhaus", weiß dieser, „da war ich schon mal, als ich mir beim Fußball das Knie verrenkt hatte. Das wurde ganz schön dick."

„Richtig", lobt ihn Frau Meier. „Das Krankenhaus ist die Paracelsus-Klinik. Seit vor einigen Jahren die Klinik in Kaltenkirchen zugemacht hat, ist es das einzige im Umkreis.

Okay. Jetzt habe ich noch eine Überraschung für euch." Frau Meier öffnet die Tür, als es klopft. Ich möchte euch Herrn Voss vorstellen. Er hat eine Gruselgeschichte geschrieben, die im Wakendorfer Moor spielt. Er möchte sie euch heute vortragen, und danach könnt ihr ihm noch Fragen stellen."

Herr Voss stellt sich der Klasse vor und erklärt, dass zwischen Wakendorf und Henstedt-Rhen ein großes Moorgebiet liegt. „Und in diesem Gebiet spielt meine Geschichte. Ich bin in Wakendorf groß geworden, und ich weiß leider nicht, ob sie wahr ist oder nicht. Zumindest hat mein Lehrer sie uns in der Grundschule erzählt."

Er liest seine Geschichte[3] vor, und die Kinder werden leiser und leiser.

„Boah, ist das spannend." „Mir war das zu gruselig." „Gibt es dort wirklich einen Panzer, der versunken ist?"

Die Kinder stellen Herrn Voss viele Fragen, und er versucht sie nach bestem Wissen zu beantworten.

 **Aufgabe:** Kennt ihr noch eine Schriftstellerin, die aus Henstedt-Ulzburg kommt? Tipp: Sie schreibt die Petronella-Bücher.

---

[3] Die Geschichte findet ihr im Anhang. Sensible Kinder sollten diese nicht allein lesen.

Kapitel 15: An der Alsterquelle

Am Tag, als der Ausflug zur Alsterquelle stattfindet, ist es sonnig und windstill. Die Bushaltestelle ist ein paar hundert Meter vom Eingang in den Wald entfernt, und die Kinder machen ziemlich viel Quatsch auf dem Weg dorthin.

„So, jetzt müssen wir hier noch über die Straße. Lasst uns schauen, dass kein Auto kommt, und dann treffen wir uns dort vorn bei der Hütte."

Die Kinder stürmen los, doch nach ein paar Minuten treffen sich alle am verabredeten Ort. „Wo ist denn hier ein Fluss?" Jannis schaut sich enttäuscht um. „Die Alster ist doch so riesig."

Frau Meier schmunzelt. „Ja, in Hamburg ist sie sehr groß, doch hier, wo sie entspringt, ist sie noch ganz klein. Wir können mal dort rüber gehen." Sie dreht sich um, und geht ein paar Meter zur anderen Seite. Dort ist neben einem Schaukasten eine kleine Mauer zu sehen. „Schaut mal dort runter, seht ihr dort die Platte, die wie ein Gullydeckel aussieht?"

Die Schülerinnen und Schüler schauen genau hin. „Das ist alles?", wundern sie sich. „Ja, im Prinzip schon. In den letzten Monaten hat es aber auch wenig geregnet, daher ist der Wasserstand jetzt sehr niedrig. Der Sieldeckel wurde angebracht, um die Quelle kenntlich zu machen. Dafür wurde er auch sehr künstlerisch gestaltet. Wusstet ihr übrigens, dass dieses Land gar nicht zu Henstedt-Ulzburg gehört? Der Besitzer dieses Landes hat im Laufe der Geschichte häufiger gewechselt, doch heute gehört die Alsterquelle der Hansestadt Hamburg. Das ist jetzt einfach ausgedrückt, doch es war immer sehr wichtig, wem die Wasserrechte gehören. Die Bauern brauchten Wasser und auch Mühlenbetreiber, und der jeweilige Besitzer konnte dann das Wasser für seine jeweiligen Bedürfnisse nutzen.

Wir machen heute ein Spiel. Bzw. spielen wir einen sogenannten „Actionbound". Das ist eine digitale Rallye. Dafür muss man diesen Code hier scannen." Frau Meier zeigt auf ein Schild, das im Schaukasten hängt. „Ich habe euch ein paar Tablets mitgebracht. Bildet bitte Gruppen zu drei oder vier Leuten. Ich habe den Actionbound auf allen Tablets schon gestartet. Ihr denkt euch bitte einen Gruppennamen aus und beginnt dann mit der Rallye. Die erklärt sich dann von selbst. Es ist auch nicht schlimm, wenn ihr etwas nicht herausfindet, ihr könnt trotzdem weitermachen."

Ulli und Jannis suchten sich noch Ben als Mitspieler. Alle sind begeistert, dass sie auf Tablets spielen dürfen. Schon nach kurzer Zeit konnte man viele Töne hören, die anzeigten, ob man richtig oder falsch geantwortet hat.

Nach ungefähr 30 Minuten sind die meisten fertig. „Und? Wie war es?" fragt Frau Meier in die Runde.

„Ich fand es ganz schön cool. Aber es war so schwer!" jammert Nina. „Und es waren ganz schön viele Fragen."

„Das ist wohl richtig", antwortet ihre Lehrerin. „Diese Rallye wurde aber von Jugendlichen aus eurer Klassenstufe erstellt, die in einem Henstedt-Ulzburger Projekt mitgearbeitet haben. ‚Henstedt-Ulzburg digital für Kinder' hieß es. Bei dem Projekt haben sie gelernt, wie man so einen Actionbound erstellt. Aber ihr habt bestimmt gemerkt, dass man die meisten Fragen mit Hilfe des Schaukastens beantworten kann, oder? Und ich glaube, ihr habt jetzt eine ganze Menge gelernt. Vielleicht habt ihr ja Lust, noch einmal mit euren Eltern wiederzukommen."

Frau Meier sammelt die Tablets wieder ein, und sie und die Kinder spazieren weiter in den Wald hinein.

„Hier auf der linken Seite ist übrigens das Moorgebiet aus der Gruselgeschichte von Herrn Voss. Dieses geht ein großes Stück weiter bis nach Wakendorf. Wenn ihr die Augen zusammenkneift, kann man sich doch richtig gut vorstellen, dass dort hinten ein Panzer versunken sein könnte."

Der Actionbound-Code zur Alsterquelle ist am Ende des Buches abgebildet. Dafür benötigt man die kostenfreie „Actionbound"-App.

Kapitel 16: Das Ende der Geschichte

In der nächsten Unterrichtsstunde gibt Frau Meier ihrer Klasse die Tests zurück.

„Das habt ihr alle richtig gut gemacht. Fast alle von euch konnten mindestens acht der zehn Fragen richtig beantworten. Ich bin sehr stolz auf euch. Und damit ist unsere Zeit, in der wir uns mit Henstedt-Ulzburg beschäftigt haben, auch vorbei. Falls ihr noch Lust habt, mehr schöne Sachen zu sehen, macht doch mit eurer Familie eine Radtour. Viele Trafo-Stationen wurden ganz toll gestaltet. Es lohnt sich, diese anzuschauen. Trafo-Stationen sind einfach ausgedrückt die großen Stromkästen am Straßenrand."[4]

Jannis, Jella und Ulli sprechen auf dem Heimweg von der Schule noch einmal über das abgeschlossene Thema. „Was fandest du denn am besten?", fragt Ulli Jannis. „Och, eigentlich alles. Den Besuch bei der Mühle fand ich gut. Und die Rallye an der Alsterquelle." „Ich fand das mit den Straßennamen spannend", sagt Jella und schaut Ulli an. „Und du?"

Ulli grinst. „Ich glaube, ich werde mal Archäologie studieren und die Olzeborch ausbuddeln. Die Zeit damals muss richtig spannend gewesen sein."

---

[4] Die Liste der Trafo-Stationen findest du in Anhang 2

Anhang 1: Die Geburtstags-Rallye

1: Geht zur Gedenkstätte im Bürgerpark. Welche Zahl steht auf dem Stein mit der Inschrift „Den Opfern von Gewalt und Willkür"?

2: Wie viele kleine Scheiben hat ein Fenster der Kulturkate?

3: Welche Zahl steht auf dem Straßenschild, das zur Kulturkate führt?

4: Welche Buslinie fährt bei der Haltestelle vor dem Freibad?

5: Welche Bahnlinie fährt nach Eidelstedt? Die A....

6: Aus wie vielen Buchstaben besteht die Kurzform des City Centers Ulzburg?

7: In welchem Monat wurde der Europagarten eingeweiht? Nenne die Zahl.

8: Welche Hausnummer hat die Gemeindebücherei? Lass den Buchstaben weg.

9: Wie viele Tonnen wiegt der Findling auf dem alten Dorfplatz? (Lindenstraße / Raiffeisenbank)

10: Am Wanderweg bei der Eisdiele steht ein Hinweisschild für Fahrradfahrer. Wie weit ist es bis nach Bad Oldesloe?

11: Wenn du beim Bürgerhaus durch die Eingangstür schaust, siehst du einen Schlüssel. Wie viele Steine ist dieser hoch?

Rechne alle Zahlen zusammen.   **Ergebnis:**

Anhang 2: Fahrradtour „Trafo-Stationen"

In Henstedt-Ulzburg befinden sich viele Ortsnetzstationen. Diese grau-grünen Stromkästen werden immer wieder mit illegalen Graffitis besprayt. Die Schleswig-Holstein Netz AG, Betreiber der Ortsnetzstationen, hat daher vor einigen Jahren das Streetartprojekt in ganz Schleswig-Holstein ins Leben gerufen. Ortsweise werden die Trafostationen mit schönen Bildern/Fotos versehen. Die Orte können Vorschläge für die Gestaltung machen, die dann von einer Firma umgesetzt werden.

In Henstedt-Ulzburg begann das Projekt 2011 mit der Gestaltung der Ortsnetzstation an der Olivastraße. Die Vorschläge/Vorlagen wurden von Mitgliedern der damaligen Kinder- und Jugendvertretung erarbeitet.

Mittlerweile gibt es im ganzen Ort mit verschiedenen Motiven gestaltete Ortsnetzstationen. Bei einer Besichtigung dieser Trafostationen mit dem Fahrrad kommt man durch alle Ortsteile.

Folgende Stationen gibt es zu sehen:

Zum Park/Ecke Olivastraße	(2011)
Beckersbergstr./Ecke Wiesenweg	(2017/2018)
Gutenbergstr. 1 (Möbelhaus Hesebeck)	(2015/2016)
Hamburger Str. 81 (Anfang des Wanderweges)	(2015/2016)
Brombeerweg/Ecke Hamburger Str.	(2019)
Hamburger Str./Ecke Kranichstr. 1 (Ulzburg Süd)	(2017/2018)
Norderstedter Str. 38 (Rhen)	(2015/2016)
Maurepasstr. (Zentrale Feuerwache)	(2017/2018)

Anhang 3: Die Grusel-Geschichte

Liebe Eltern! Diese Geschichte ist nichts für empfindliche und sensible Kinder.

Sie wurde uns mit einem alternativen Ende zur Verfügung gestellt vom Autor **Vincent Voss**, mit freundlicher Genehmigung des herausgebenden Verlages.

Herrn Groß' Geistergeschichte

Mai 2017; Wakendorfer Moor; Alstertalniederung

Zurück. Nach 20 Jahren Hamburg bin ich wieder dorthin gezogen, wo ich hergekommen war. Gut, ein Dorf weiter. Nach Wakendorf II. Wegen der Kinder, weil der Schulweg nicht so weit war. Und gerade stand ich im Dickicht des Moores und bekam eine Heidenangst, weil mich ein Reh aufschreckte. Wahrscheinlich hatte es mehr Angst vor mir als ich vor ihm. Vielleicht aber auch nicht. Es hatte schließlich niemals die Gruselgeschichte unseres Schuldirektors Herrn Groß in der kleinen Dorfschule hören müssen. Von dem versunkenen Panzer im Moor und den Geistern der Soldaten, die man manchmal, gerade bei Nebel, im Moor rufen hören und ganz selten sogar sehen konnte. Er hatte sie jeder Klasse erzählt. Jedem Kind, das in Wakendorf zur Schule gegangen war.

Ich glaube, er hat sie immer im Herbst erzählt. Wenn der Wind zum Sturm wurde und die Äste der alten Eichen im Schulgarten über den Backstein schabten und es sich anhörte, als würde etwas mit langen Fingernägeln über das Gestein kratzen. Natürlich wussten wir, dass er uns die Geschichte erzählen würde, meistens passierte es in der dritten und selten erst in der vierten Klasse. Wir wussten es von den Größeren und eigentlich wusste es jeder im Dorf, weil Herr Groß auch schon zur Zeit unserer Eltern Schuldirektor gewesen war. Er erzählte die Geschichte jeder Klasse nur einmal. Und dann nie wieder. Auch wenn wir bei unseren wertvollsten Schätzen schworen, uns in Musterschüler verwandeln zu wollen. Man musste schon sitzenbleiben, um die Geschichte von den verirrten, dänischen Soldaten zu hören. Und sitzen blieb in Wakendorf unter Herrn Groß niemand. Nicht einmal Jens hatte damals eine Ehrenrunde drehen müssen.

Mein Herzschlag beruhigte sich wieder. Nur ein Reh. Aber ... das Moor war ein Ort, wo ebensolche Geschichten wunderbar gedeihen konnten. Löcher, in denen brackiges Wasser schwarz zwischen Moorgras und verkrüppelten Birken hindurch schimmerte. Moosüberwucherte, gefallene Baumstämme, die verrotteten, Flechten, die zwischen Holunder- und Schlehenzweigen wucherten. Vergänglichkeit zeigte sich hier mit jeder Faser. Sogar die Tiere schienen ehrfurchtsvoll zu schweigen und Stille bedeckte das Moor mit einem Leichentuch. Ich konnte mir sehr gut vorstellen, dass man sich hier im Nebel verirren konnte. Aber, dass man hier versinken und ertrinken konnte? Ich nahm einen Stein auf und warf ihn in den Morast. Das Geräusch zerriss das Leichentuch, irgendwo flatterte ein Vogel aus dem Geäst und ich hatte eine Idee, die mich begeisterte.

„Das ist doch viel zu tief im Moor, Till!", ermahnte mich Jessi, meine Freundin und Mutter meiner beiden Kinder. „Die werden nasse Füße bekommen und sich eine Lungenentzündung holen." Mit den nassen Füßen konnte sie Recht haben, in der ersten Septemberwoche hatte es unwetterartig geregnet, etliche Wasserlöcher waren übergelaufen und hatten sich zu kleinen Tümpeln zusammengeschlossen. „Die werden Gummistiefel anhaben, Jessi. Und wenn es dunkel wird, sitzen wir mit Würstchen am Stock am warmen Lagerfeuer." Das war mein Plan. Aber erst musste Louis mit seinen Freunden den Schatz finden, den die Besatzung des verschollenen Panzers hier versteckt hatte. Das war meine Panzergeschichte, meine Idee für seinen neunten Geburtstag. Und später am Lagerfeuer wollen wir mal sehen, ob sie wirklich schon so groß und unerschrocken waren, wie sie immer taten. Dann würde ich nämlich Herrn Groß Gruselgeschichte erzählen.... Ich sah mich auf der kleinen Lichtung am Rande des Moores um. Perfekt. Die Lagerfeuerfeuerstelle war hergerichtet. Jessi hatte Windlichter in die Zweige gehängt, Getränke und Würstchen standen bereit. Ich sah zu Jessi. Eine Strähne fiel ihr ins Gesicht, ihre Hände hatte sie zu Fäusten geballt und sie in die Hüften gestemmt. „Ich liebe dich", sagte ich und

fühlte es in diesem Moment so stark, dass es mir beinahe den Atem raubte. „Ich dich auch, mein Abenteurer." Wir umarmten uns, spürten uns. Meine Familie, meine Liebe. Auf den Feldern der Alsterniederung konnte ich Nebel aufsteigen sehen.

1956 hatte sich ein Panzer bei einem aus Bad Segeberg angeordneten Manöver im Wakendorfer Moor festgefahren. Ein Bergungspanzer musste dafür herbeigerufen werden und zusammen mit der Hilfe von Freiwilligen aus den umliegenden Dörfern konnte der Panzer geborgen werden. Anschließend gab es für alle Helfer Erbsensuppe mit Würstchen. Das war es. Es gab keine im Moor Verstorbenen und auch keine Geister, Jeder von uns Wakendorfern hatte anscheinend danach recherchiert, wie wir auf facebook erfuhren und diese Geschichte sorgte für einen leichten Gesprächseinstieg, wenn man sich in den sozialen Netzwerken nach Jahren und sogar Jahrzehnten wieder traf. Keine Geister. Nur Erbsensuppe.

„Herr Thormählen, irgendwie ist Lukas verschwunden", hörten wir Justin von der anderen Gruppe durch das Walkie Talkie. „Ach du Scheiße!", spielte ich überrascht und sah in die gespannten Kindergesichter meiner Gruppe. Und das Kind mit den größten Augen und dem offensten Mund war Louis. Bisher war die Abenteuergeschichte ein voller Erfolg gewesen. Und Lukas plötzliches Verschwinden war Bestandteil dieses Plans. Louis großer Bruder war 14 Jahre alt und führte die andere Gruppe durch das Moor. Nach seinem Verschwinden würde er sich verkleiden, ich würde auf seine Gruppe stoßen und gemeinsam würden wir ein weißes Bettlaken finden, das Lukas zwischenzeitlich zwischen den Bäumen aufgespannt haben würde. Es sollte uns ablenken, damit Lukas uns als Schatzgeist erschrecken konnte. Er würde uns dann einen Hinweis auf das Versteck geben und gemeinsam würden wir den Schatz bergen. 14 Taschenlampen, die wahlweise auch grün, rot oder blau leuchten konnten. Für jeden eine. „Okay, bleibt ganz ruhig, hört ihr. Was seht ihr, wenn ihr euch umschaut? Ist dort irgendetwas Besonderes?", fragte ich. Pause. „Da ist ein Graben. Und da liegt so ein umgestürzter schwarz-weißer Baum drüber", antwortete Justin. „Eine Birke. Das ist eine Birke!" Kolja und Hagen gleichzeitig aus dem Hintergrund. „Ein Graben", wiederholte ich, nickte und sah mich um. „Seht ihr irgendwo einen Graben oder einen Bach?", fragte ich die Kinder meiner Gruppe, in deren Gesichtern ich lesen konnte, wie angestrengt sie nachdachten. „Können wir

uns umsehen, Papa?", fragte Louis. „Ja, zwei Dreiergruppen. Und beeilt euch, Nebel zieht auf", sagte ich, um es noch spannender zu gestalten und stellte fest, dass der Nebel mittlerweile tatsächlich wie ein Raubtier aus der Zwischenwelt um die gedungenen Stämme der Bäume und das Dickicht strich. Die Jungs teilten sich in zwei Gruppen auf und erkundeten die Umgebung. In dieser Zeit schrieb ich Lukas eine kurze Whatsapp-Nachricht. Super, Lukas! Bis gleich! "Justin?"

„Ja?" Seine Stimme klang nun etwas brüchiger. Angst. Ich würde mich beeilen müssen. „Hör zu, Justin. Wir sind gleich bei euch, over!"

„Danke, Herr Thormählen." – „Over."

„Hier! Hier ist ein Bach oder so etwas!", rief Louis, kam mit seiner Gruppe herbeigerannt und zeigte mehrmals auf eine Stelle, wo mehrere Büsche beieinanderstanden, als würden sie sich vor etwas Bösem schützen wollen. „Wir haben was!", rief ich und lief Louis hinterher. „Das ist ein Bach", stellte Florian fest.

„Genau. Und irgendwo an diesem Bach müssen die anderen sein. Wartet mal." Ich nahm das Walkie Talkie zur Hand. „Justin. Hier ist Louis Papa, over!"

„Herr Thormählen?"

„Justin, ist das bei euch nur ein Graben oder ein Bach? Fließt das Wasser? Over."

„Einen Augenblick, Herr Thormählen. Over." Gespannt warteten wir auf die Antwort. „Ein Bach, Herr Thormählen." Ich sah, wie die Kinder erleichtert waren.

„Gut. Sehr gut. Dann bleibt dort, wir sind gleich bei euch. Over." Ich steckte das Walkie Talkie in meine Jackentasche, ging in die Hocke und versammelte die Kinder um mich herum. „Hört zu. Ihr müsst jetzt den Bachlauf vorangehen. Ihr seid leichter und beweglicher als ich, deshalb müsst ihr einen Weg finden. Für mich. Am besten gehen drei auf der einen Seite des Baches und drei auf der anderen Seite. Der Bach ist nicht so breit, wir könnten ihn zur Not immer überqueren", schlug ich vor. Die Kinder waren in der Geschichte versunken wie der Panzer in meiner Geschichte. Jetzt mussten sie mir Erwachsenen einen Weg weisen und sie wuchsen durch diese Verantwortung gleich um einige Meter an. „Ich nehme die andere Seite!", preschte Louis vor und balancierte über einen schräg über den Bach gefallenen Baum. Zwei andere Jungs folgten ihm und zeitgleich erkundeten beide Gruppen den Bachlauf. Ich blieb etwas zurück und spähte auf das Display meines Handys. Lukas hatte die Nachricht noch nicht geantwortet. Das wunderte mich etwas. Was ist los bei dir? schrieb ich. Und wartete auf das zweite Bestätigungshäkchen. Nichts. „Mann, Lukas!", zischte ich, lief den Kindern nach und blickte immer wieder unauffällig auf das Display. Empfang war vorhanden. Lukas meldete sich nicht, stattdessen rief Jessi an. "Till! Till, wann seid ihr da? Irgendetwas stimmt hier nicht!" So hatte ich Jessi noch nie gehört. "Jessi, hey, ganz ruhig. Was ist los?", flüsterte ich, ließ mich von der Stimmung anstecken und sah mich um. „Hier stimmt etwas nicht, Till. Ich habe Stimmen gehört. Im Nebel. Aber ich kann dort niemanden sehen. Und sie sprechen … nicht Deutsch", antwortete Jessi. Jessi. Die ordnungsverliebte und ziemlich phantasielose Jessi. Wenn ich der Abenteurer in unserer Beziehung war, dann war sie der Kopf und die Denkerin. Sie würde sich fremde Stimmen nicht einbilden. Ich wusste, sie hatte sie gehört und nun war es an mir einen kühlen Kopf zu bewahren. „Englisch? Oder irgendwas Östliches?", fragte ich und suchte nach einer Lösung. Pilzsammler. Genau, es konnten Pilzsammler sein. „Jessi, das könnten …"

„Ich glaube, sie sprechen dänisch, Till." Und augenblicklich fühlte ich mich verfolgt und beobachtet.

„Dänisch?" Mein Magen zog sich zusammen und es fühlte sich an, als würde mir Eiswasser den Rücken entlanglaufen.

„Papa! Papa!", hörte ich Louis und stellte fest, dass ich die Kinder im Nebel nicht mehr sehen konnte, weil ich langsamer geworden war. „Scheiße!", fluchte ich und rannte los. Aber nur wenige Meter vor mir hielten sie und hatten Justin und die anderen erreicht. Sie wirkten erleichtert. Ich war es nicht und plante, den Abschluss der Schatzsuche ausfallen zu lassen. „Wir haben die anderen gefunden, jetzt können wir endlich Lukas suchen", sagte Louis. „Sehr gut. Ich telefoniere gerade mit Mama. Am besten ruft ihr einfach schon einmal nach Lukas." Keine gute Idee, denn sofort riefen die Jungs aus Leibeskräften nach Lukas. Ich musste mich wegdrehen, um weiter mit Jessi zu telefonieren. „WAS ist mit LUKAS?", fragte sie sofort. „Ich …" Ich gestehe, erst nach dieser Frage wähnte ich auch meinen Großen in Gefahr. „Ich glaube mit ihm ist alles in Ordnung, Jessi. Er sollte sich doch verstecken, um uns zu erschrecken. Wir gehen jetzt schnell zu ihm und kommen dann zurück."

„Du weißt ganz sicher, dass er da ist? In seinem Versteck?" Dann schrie Jessi und ich musste mein Telefon von meinem Ohr weghalten. „Jessi? Jessi?!", bemühte ich mich immer noch leise zu sein. „Till, da war etwas. Mich hat etwas berührt. Etwas Kaltes. Das bilde ich mir nicht ein. Weißt du, wo Lukas ist? Weißt du es wirklich?" Ihre Frage sog sämtliche Kraft aus mir und nahm mir zusätzlich noch den Boden unter den Füßen. „Nein", antwortete ich ehrlich. „Aber ich hole ihn jetzt. Ruf du ihn in der Zeit an, ja? Ich liebe dich." Ich legte auf und ging Lukas suchen.

„Was ist das?", fragte Louis und blieb stehen. Die Jungs drängten sich aneinander. „Das ist ein Bettlaken", antwortete ich. „Lukas, du kannst jetzt rauskommen", rief ich und sah mich um. Die umgestürzte Baumwurzel, die Lukas und ich für ein Versteck vorgesehen hatten, verbarg sich im dichten Nebel, der jetzt im Dämmerlicht alles verschluckte, so dass man nur noch wenige Schritt weit sehen konnte. Ich leuchtete mit der Taschenlampe, aber der helle Lichtstrahl ließ mich nur noch weniger erkennen, weil der Nebel das Licht reflektierte. „Lukas!" Ich ärgerte und sorgte mich um ihn. „Bleibt ihr hier zusammen, ich sehe nach, wo Lukas ist. „Ist Lukas was passiert?", fragte Louis und seine Stimme bebte. Auch, wenn sie sich mal wie Streithähne stritten, sie liebten sich. Das spürte ich, ging zu Louis und strich ihm über den Kopf. „Nein, Lukas geht es gut", sagte ich ihm und bemühte mich, jede Unsicherheit aus meiner Stimme zu bannen. In größer werdenden Kreisen umrundete ich die Jungs und rief nach Lukas. Was konnte ihm passiert sein? Ich durfte gar nicht darüber nachdenken. Vor meinem inneren Auge sah ich ihn bewusstlos im Gestrüpp liegen, weil er sich irgendwo den Kopf angeschlagen hatte. Schlimmstenfalls war er ohnmächtig ins Wasser … ich schüttelte den Gedanken ab. Die umgestürzte Baumwurzel konnte nicht allzu weit von dem gespannten Bettlaken entfernt sein. Und sie lag links davon. Mit dieser Erkenntnis entdeckte ich die Wurzel und erschrak, wie sie sich bedrohlich aus dem Nebel schälte. „Lukas?" Keine Antwort. Vorsichtig schlich darum herum, leuchtete den Boden ab und mir stockte der Atem. Lukas Mütze und sein Hoodie lagen hinter der Wurzel in einer Mulde. Mir *wurde schwarz vor Augen und schwindelig. „Lukas!", keuchte ich, lies mich auf den Boden fallen und tastete in der Grube umher. Kämpfte gegen Panik und Tränen. Leuchtete den Boden ab. Spuren. Da. Und da war noch eine. Tiefer ins Moor hinein. Auf allen Vieren kroch ich durch das Unterholz, sackte in den Morast bis zu den Ellenbogen ein. Noch eine Spur. Weiter. Brombeerranken zerkratzten mein Gesicht. „Papa?", hörte ich Louis nicht weit entfernt von mir. „Louis, bleib da! Ich habe eine Spur von Lukas!"*

„Und ich kann Lukas hören, Papa. Ich glaube, er weint."

Sofort war ich bei ihm. Seine Freunde standen um ihn herum, hatten aufgehört nach Lukas zu rufen und lauschten. Ich hörte nichts. Tropfen, die von den Zweigen fielen, meinen Atem, meinen Herzschlag, sonst nichts. Dann hörte ich ein Wimmern. Louis hatte Recht. Wir sahen uns an und ich konnte Tränen in seinen Augen sehen. Er schluckte und beherrschte sich. „Du hörst Lukas auch, oder Papa?"

„Ja, jetzt höre ich ihn auch. Gut gemacht Louis", antwortete ich ihm, strich ihm über den Kopf und versuchte zu orten, woher ich Lukas stimme hörte. Abseits des Jägerpfades. Tiefer im Moor. „Es kommt von dort", sagte ich, zeigte in die Richtung und ging los. Ein paar Schritte immer, dann lauschten wir. Gingen dorthin ins Moor, wo die Bäume kein Laub mehr trugen und nur noch von Flechten und Moosen überwuchert waren. Ich musste mir einen Stock suchen, um einen Weg durch die stetig steigende Zahl von Wasserlöchern zu finden, um nicht einzusinken.

„Was ist mit Lukas?", wollte Louis wissen, der direkt hinter mir ging. „Ich weiß es nicht, Louis. Ich weiß es wirklich nicht."

„Wird ... wird alles wieder gut?" Seine Stimme zitterte. Ich antwortete nicht. „Da. Ich hab ihn wieder", sagte ich und blieb stehen, um zu lauschen. Lukas. Lukas und ... andere Stimmen, die sich in einer Sprache unterhielten, die ich nicht verstand, die mir aber vertraut war. Dänisch. Ich begann, an meinem Verstand zu zweifeln. Panik übermannte mich, ich rannte, stolperte, fiel hin, kam wieder auf die Beine und rannte weiter. „Lukas!", schrie ich. „LUKAS!" Dann hörte ich einen Motor röhren. Metall, das auf Metall schlug. „LUKAS!"

„PAPA! HILFE!"

Ich brach durch das morsche Geäst, sank bis über die Knie ein und kämpfte mich Meter um Meter zu Lukas. Louis und seine Freunde folgten mir schreiend und weinend, verloren mich.

Nebel. Unglaublich dichter Nebel und dann sah ich ihn. Den Panzer. Wie ein Schemen. Über die Hälfte steckte er in einem Wasserloch. „PAPA!" Lukas! Ich fuhr herum und sah wie zwei Gestalten Lukas von hinten auf den Geschützturm schoben und ihn in den Einstieg drängen wollten. Lukas wehrte sich, aber sie waren stärker. Mit großen Schritten umrundete ich den Panzer, sprang auf das Heck, fiel auf den Bauch, rappelte mich auf und hechtete auf den Geschützturm. Zog mich an rostigem Metall hoch, an dem ich mich schnitt. „LUKAS!"

„PAPA!" Seine Antwort klang hohl, ich befürchtete sie aus dem Bauch des Panzers zu hören, dessen Motor das ganze Fahrzeug vibrieren ließ. Der Panzer war alt. Verrottet. Als hätte er lange Zeit im Wasser … Der Gedanke drängte mich zusätzlich an den Rand des Wahnsinns. Das konnte alles nur ein Albtraum sein. Ich kam auf die Beine, wollte Lukas aus dem Inneren des Panzers holen, doch ein Soldat stellte sich mir in den Weg, stieß mich zurück. Ich konnte nur kurz etwas erkennen, aber dieses Bild verfolgt mich seither. Dieses Bild und der Geruch. Der Soldat war tot. Verwest und dennoch hatte sich der Schrecken seines Leids in seine Fratze gegraben. Und die Wut darüber. Hass trifft es besser. Seine Augen leuchteten tot, und als er mich wegstieß, folgte der Bewegung ein Brodem aus Moder, totem Fleisch, Benzin und Schmieröl. Ich fiel auf den Rücken, sah wie er durch die Luke und den Einstieg nach unten verschwand. Mit einem knochigen, bleichen Arm, der unter seiner vermoderten Uniform durchschien, schloss er die Luke. „Papa! Hilfe!", hörte ich Lukas dumpf und von weit, weit her durch das Motorengeräusch. Der Panzer bewegte sich. Fuhr an. Ich klammerte mich fest, kam abermals auf die Beine und stürzte zur Luke. Verschlossen. Ich hörte ein metallisches Quietschen von innen. Als würde sie mit einem Rad verschlossen werden. Ich schlug mit bloßen Händen auf die Luke ein, schrie, weinte, bis ich nicht mehr konnte und brach zusammen. Ich bekam die Luke nicht auf. Also hielt ich mich mit allen Kräften fest, damit mich der Panzer nicht abwarf, sobald er losfuhr. Aber er fuhr nicht los. Der Motor begann zu blubbern, erstarb. Ich hörte Louis weit entfernt von mir rufen, hörte wie mein Smartphone vibrierte, ein sanftes Plätschern und ein bedrohliches Schmatzen. Der Panzer sank? Von innen klopfte es. Schwach. Ich glaubte,

Rufe aus dem Bauch des Panzers zu hören. Hilferufe, auch wenn ich die Sprache nicht verstand. Todesangst ist universal. Wasser erreichte meine Füße, meine Waden, meinen Bauch. Ich lag auf dem Panzer und drohte, mit ihm zu versinken. Ich überlegte, ob es nicht bessere Wahl wäre, mit ihm unterzugehen, aber Louis Rufe schenkten mir die Kraft, die ich brauchte, um mich mit einem Sprung auf das rettende Ufer zu retten. Ich stieß mir den Kopf und verlor das Bewusstsein.

Ich wachte auf und sah einen Arzt vor mir. Und um mich herum Lukas und einige Freunde von ihm. Lukas weinte. „Wieder unter den Lebenden, Herr Thormählen", sagte der Arzt und ich verstand nicht. Verstand gar nichts. „Wir haben das übertrieben, Papa. Echt mal. Das tut mir so leid!" Wieder schluchzte er und auch seine Freunde, Moritz, Cem und Nils sahen betreten zu Boden. Irgendwie sahen sie warum auch immer wie untote Soldaten aus „Lukas, ich dachte …", stammelte ich und jetzt eroberte mich die wahnsinnige Freude darüber, Lukas lebend vor mir zu sehen.

„Das war alles ein Prank, Papa, ein echt dämlicher Prank!"

ENDE

Das Beckersbergbad

Der Europagarten mit dem dahinter befind-lichen Rathaus

Der AKN-Bahnhof in Ulzburg Süd

Der Sieben-Wege-Brunnen am Wöddel in Henstedt

Von Thomas Behrendt

Kunst auf dem Marktplatz in Henstedt-Rhen:

„Wir schaffen das schon gemeinsam"

Von Thomas Behrendt

Trafostation Norderstedter Straße (Rhen)

QR-Codes

Zum Öffnen dieser Codes brauchst du auf deinem Smartphone oder Tablet eine entsprechende App und für den letzten die Actionbound-App.

Götzberger Mühle

Actionbound Alsterquelle

Schule am Wöddel